Schritte ans Licht

Sonja Weg

Ich danke allen, die mich begleitet und
unterstützt haben.

2008-2011; 2013

Zwischen den sich gegenüber liegenden Gedichten in diesem Band liegen zum Teil Jahre. Verletzungen, die halt immer mal wieder an die Oberfläche drängen.

Mögen diese meine Schritte dich ermuntern, den eigenen Weg zu beschreiten, ihn weiter zu gehen.
Der Segen und die Liebe Gottes mögen dich dabei begleiten.

Dich, meine Seele,
> hab' ich eingesperrt hinter dicken Mauern
> damit dein Leid nicht sichtbar werde
> dein Wehklagen nicht zu hören sei
> ich es ertrage, weiter zu leben

Dir, meiner Seele,
> bin ich nach langen Jahren wieder begegnet
> zuerst dich nur erahnend
> dann hilflos ob dem Unvermögen
> dich zu befreien

Dich, meine Seele,
> hat Gott aus dem Kerker gehoben
> kurz nur hat ER dich gehalten
> um dich dann sanft in meine Arme zu legen
> damit ich dich wiegen und zu dir finden
> kann.

Du, meine Seele
> und ich, wir sind uns näher
> jeden Tag ein Stückchen mehr
> nun weinen wir gemeinsam
> bis dass der Schmerz weggespült

Ps 18,33: Gott hat mich mit Kraft umgürtet
Er führt mich auf einen Weg
ohne Hindernis

Gott hat mich mit Kraft umgürtet
      meine Wunden heilen
      mein Inneres füllt sich mit Licht

Gott hat mich mit Kraft umgürtet
      damit ich loslassen
      wachsen kann

Gott hat mich mit Kraft umgürtet
      damit ich seine Liebe lebe
      damit ich Berge versetze

Mauern der Angst
    Verletzung
    Zurückweisung
    Versagen
    Einsamkeit

Mauern der Angst
    schliessen ein
    behindern
    halten zurück
    schliessen aus

Mauern der Angst
    im göttlichen Licht
    durchlässig
    durchschreitbar
    eins sein

Mauern der Angst
    aufgelöst
    unendliche Liebe
    sicher
    froh

In der Nacht vor Ostern
    tief in meinem Innern
    sah ich Dich, Kind.

In Fesseln lagst Du da
    an Händ' und Füssen angekettet
    gestorben, Kind, schon längst.

Losgelöst von allem Irdischen
    hob Dich eine Engelschar
    in das ewige Licht, Kind.

Schuldlos weggesperrt
    hat Gott sich Deiner erbarmt.
    Erlöst, Kind, wurdest Du schon längst.

Auferstehung

    ein unerwartetes Lächeln

    loslassen

    Gnade Gottes

Einer gewaltigen Welle gleich kommt sie über mich
    die Dunkelheit von der ich dacht',
    ich hätt' sie überwunden.

    Oh Gott, lass mich nicht ertrinken
    in dieser schlimmen Flut.

Plötzlich, alles ist wieder da:
    Schmerzen, Selbstmitleid
    selbstzerstörerischer Hass und Wut.

    Oh Gott, hilf!
    Nicht einmal beten kann ich mehr.

Immer höher steigen die Wellen,
    kaum weiss ich es auszuhalten.
    Verzweifelt stelle ich mich den Wogen:

    Oh Gott, bitte,
    löse mein Elend in Licht und Liebe auf.

Da endlich
    kehrt Ruhe ein.

Danke, Gott, danke!

Ein lauter Schrei
    der in der Kehle stecken bleibt
    gefangen in Mauern des Schweigens

Ein tiefer Schmerz
    der mich zersprengen will

Eine Verletzung
    die immer wieder aufbricht

    Langes Schweigen

Eine Wüstenblume
    die nach langem wieder blüht

Ein Friede im Innern
    der wärmt und heilt

Eine helle Verbindung
    die ich neu entdecke

    Selbst-Vertrauen

Ein Schrei, der in der Kehle stecken bleibt.
    tief verletzt
    zurück gestossen
    doppelter Verrat

Meine Seele dabei fast zerbrochen wär
    lange verschwunden
    ich glaubte
    tot

Du, Gott, hast sie aufgehoben
    in Deinen Händen hieltest du sie
    hast sie gewärmt
    geliebt

Der Schrei, er steckt mir noch in den
    Knochen
    Es ist nun an mir
    meine Seele zu halten
    und zu lieben

WUT
    implodiert
    stinkig faule Masse

    schmutzig
    eitrig
    schleimig

    Abfall
    hassenswert
    niedrig und gering

    Motten, Maden und Gewürm
    Sinnbild implodierter

WUT

Oh, ich füttere Sie, diese WUT
    stopf Essen in mich rein
    lass keine Bitterkeit zu

Drücke sie runter, diese WUT
    halte sie fest in meinem Bauch
    zementiere sie mit Butterkeksen zu

Sie tut nicht gut

Ich will sie hochlassen, diese WUT
    sie achten und respektieren
    ich schau sie mir auch an

Und lass sie los, diese WUT
    damit sie keinem mehr schaden kann–
    ganz besonders mir nicht mehr

Sag du mir nicht
    ich sei nicht würdig

Sag du mir nicht
    ich hätte still zu sein

Sag du mir nicht
    ich müsst' mich brav benehmen

Sag du mir nicht
    der Herr befiehlt

Sag du mir nicht
    das Oberhaupt, es darf

Sag du mir nicht
    dein Wort, es ist Gesetz

Auch ich ein Abbild Gottes!

Sag grade du mir nicht
    ich sei nicht würdig

Schuld – Schuld
    du bist schuld!
    immer schuld!
    nur du hast Schuld!

Was, wie soll ich mir je verzeih'n?

Schuld – Schuld
    immer schuld
    nicht meine
    lastet schwer auf mir

Schuld – Schuld
    einer ist vorausgegangen
    hat sie für uns übernommen
    verwandelt durch seine Liebe

Die Last wird leichter

Mauern rundherum, nichts als Mauern

Blutige Spuren erfolgloser Flucht

Enge, die ersticken lässt

Gefangen in dunkler Kälte

Langsam erhebe ich mich

Strebe dem göttlichen Licht entgegen

Zuversicht und Vertrauen breiten sich aus

Bald schon, bald –
    wird meine Seele über den Zinnen schweben.

GOTT, ich hatte Dich gebeten,
>	mir den Weg zu zeigen, der für mich bestimmt.
>	Doch dem, was ich sah, wagte ich nicht zu trauen.

Ich flehte Dich an, GOTT,
>	meine Ohren für Dein Wort zu öffnen.
>	Doch schien es, als würdest Du schweigen.

Voller Verzweiflung fragte ich Dich, GOTT,
>	was ich denn tun soll.

>	**Vertraue!**

Jetzt such' ich dich, Kind
    das ich verloren geglaubt
    verschollen
    tot

Jetzt such' ich dich, Kind
    dir zuhören
    glauben
    vertrau'n

Jetzt such' ich dich, Kind
    gemeinsam weinen
    wegspülen
    rein

Jetzt such' ich dich, Kind
    miteinander
    leben
    lieben

Jetzt!

JETZT such ich dich, Gott
  wenig beachtet
  manchmal nur
  hervorgeholt

JETZT find ich Dich, Gott
  dir zuhören
  glauben
  vertrau'n

JETZT freu ich mich, Gott
  Du hilfst mir weinen
  wegspülen
  rein und würdig

JETZT lass ich los, Gott
  mit deiner Unterstützung
  deiner Hilfe
  alles los

JETZT lege ich, Gott
  mein Leben
  meine Seele
  in Deine Hände

Du warst da, Gott,
  bevor ich Dich suchte
  JETZT und immerdar
  Amen

Dich, Gott, lobe ich

    für helfende Hände
        offene Ohren

    für das Licht
        die Wärme

    für kleine Wunder
        Geschenke

Dir, Gott, danke ich

    für Tränen
        den Schmerz

    für Flügel
        die tragen

    für Dein Begleiten
        Dein Dasein

Dir, Gott, fühle ich mich nahe

Herstellung und Verlag:
BoD-Books on Demand, Norderstedt
ISBN: 978-3-7322-5641-9